Obsequiado a:

Mi esposa

Por:

Abraham Samayoa

Fecha:

25/03/08

Con motivo de:

Ama a Dios y disfruta la vida
Joyce Meyer

Publicado por *Editorial Peniel*
Boedo 25 - C1206AAA
Buenos Aires - Argentina
Tel/Fax: (54-11) 4981-6178 / 6034
e-mail: info@peniel.com

www.editorialpeniel.com

Originally published in english under the title:
Celebration of Simplicity
by Harrison House, Inc.
Tulsa, Oklahoma 74153 - USA
P.O. Box 35035
Copyright © 2001 by Joyce Meyer

Traducción al español por: Doris Cabrera de Mora
Copyright © 2005 *Editorial Peniel*

Diseño de cubierta e interior: arte@peniel.com

ISBN 987-9038-95-9

Lo que figura entre paréntesis es traducción original del libro en inglés.
Las citas bíblicas pertenecen a la *Nueva Versión Internacional* (NVI) por la
Sociedad Bíblica Internacional, excepto las indicadas como: *Reina Valera
versión 1960* (RVR).

Edición N° 1 Año 2005

Impreso en Colombia
Printed in Colombia

AMA A DIOS Y DISFRUTA LA VIDA

Celebra la simplicidad

JOYCE MEYER

www.editorialpeniel.com

Índice

---— ❧ ——---

Para disfrutar la vida al máximo,
mantenla simple.

_____

La sencillez
de la fe

3/02/08

PALABRA DE DIOS PARA TI

Mientras iba de camino con sus discípulos, Jesús entró en una aldea, y una mujer llamada Marta lo recibió en su casa. Tenía ella una hermana llamada María que, sentada a los pies del Señor, escuchaba lo que él decía. Marta, por su parte, se sentía abrumada porque tenía mucho que hacer. Así que se acercó a él y le dijo:

—Señor, ¿no te importa que mi hermana me haya dejado sirviendo sola? ¡Dile que me ayude!

—Marta, Marta —le contestó Jesús—, estás inquieta y preocupada por muchas cosas, pero solo una es necesaria. María ha escogido la mejor, y nadie se la quitará.

(Lucas 10:38-42)

Parte Uno
LA SENCILLEZ DE LA FE

reo que la vida debería ser una celebración. Son demasiados los creyentes que no disfrutan la vida, y aún menos los que la celebran. Mucha gente ama verdaderamente a Jesucristo y va camino al cielo, pero muy pocos disfrutan el viaje. Por muchos años fui una de ellos... y así era Marta.

Marta estaba ocupada haciendo lo que yo acostumbraba hacer: correr de un lado a otro, tratando de que todo estuviera en perfecto orden, para impresionar a Dios y a todos. Complicaba mi relación con el Señor porque tenía un enfoque legalista de la justicia. Buscaba muchas cosas: respuesta a mis dificultades, prosperidad, sanidad, éxito en mi ministerio, cambios en mi familia. Solo me sentía bien cuando estaba haciendo algo. Y me incomodaba la gente como María, que sabía disfrutar sin esmerarse tanto. Pensaba que ellos deberían hacer lo que yo hacía.

Mi problema era que tenía todo de Marta y nada de María. Amaba a Jesús pero no había aprendido acerca de la vida sencilla que Él deseaba que yo viviera. Descubrí que la respuesta tenía su raíz en la fe, conocer lo que significa sentarse a los pies de Jesús, escuchar sus palabras, y confiar en Dios con toda mi alma y corazón.

---

*Si quieres vivir una vida complicada, compleja,
sin gozo, intenta realizar lo que no pueda
hacerse sin Dios.*

PALABRA DE DIOS PARA TI

Pero me temo que, así como la serpiente con su astucia engañó a Eva, los pensamientos de ustedes sean desviados de un compromiso puro y sincero con Cristo.

(2 CORINTIOS 11:3)

Cristo nos libertó para que vivamos en libertad. Por lo tanto, manténganse firmes y no se sometan nuevamente al yugo de esclavitud.

(GÁLATAS 5:1)

¡SOLAMENTE JESÚS!

*J*esús vino a este mundo y pagó por nuestros pecados tomando el castigo sobre sí mismo. Se transformó en nuestro sustituto, pagó nuestra deuda sin costo alguno para nosotros. Hizo todo esto de corazón, a causa de su gran amor, gracia y misericordia. Heredó todo lo que el Padre tiene para dar, y nos dice que somos coherederos con Él en virtud de nuestra fe. Proveyó el camino para nuestra completa victoria aquí y en el más allá. Nosotros somos más que vencedores. Él obtuvo el triunfo, y nosotros logramos la recompensa sin la batalla.

¿Cuánto más sencillo podría ser? El evangelio es asombrosamente carente de complicaciones.

La complicación es obra de Satanás. Él odia la sencillez, porque sabe del poder y gozo que trae nuestra fe. Siempre que tu relación con Dios se torne compleja, perpleja y confusa, considera cuál es la raíz. La duda y la incredulidad se están mezclando y entrelazando con la fe.

Vuelve a Jesús y celebra la sencillez de la fe ¡puesta solamente en Él!

Encontrar el punto del problema para poder alcanzar la fe y La victoria

Creer es mucho más simple que no creer.

Palabra de Dios para ti

Él [Jesús] llamó a un niño y lo puso en medio de ellos.
Entonces dijo: —Les aseguro que a menos que ustedes
cambien y se vuelvan como niños, no entrarán en el
reino de los cielos.
Por tanto, el que se humilla como este niño será el
más grande en el reino de los cielos.

(Mateo 18:2-4)

Así que si el Hijo los libera, serán ustedes
verdaderamente libres.

(Juan 8:36)

LIBERTAD GLORIOSA

*L*os niños creen lo que se les dice. Alguna gente dice que las criaturas son ingenuas, en el sentido que creen cualquier cosa sin importar cuán ridícula pueda sonar. Pero los niños no son ingenuos: son confiados. Es parte de la naturaleza de un niño confiar, a menos que haya experimentado algo que le enseñe diferente. Algo más –que todos sabemos– es que las criaturas pueden, literalmente, disfrutarlo todo, aún hasta el punto de convertir una tarea en un juego.

Nuestro Padre celestial desea que nos acerquemos a Él como niños. Quiere que sepamos que somos sus preciosos pequeños, y quiere que pongamos nuestra entera fe en Él para cuidarnos. Anhela que nos tomemos de su mano y descansemos en Él, pidiendo continuamente su favor. Todo lo que Dios nos llama a hacer, Él debe ayudarnos a realizarlo. Él está listo, esperando, y más que deseoso. Pero debemos acercarnos con humildad, como niños, con sinceridad, sin pretensiones, honestamente, con un corazón abierto, sabiendo que sin Él nada podemos hacer.

Como hijos de Dios, jamás tendríamos que vivir bajo ningún tipo de esclavitud. Deberíamos experimentar la gloriosa libertad; libertad de disfrutar todo lo que Dios nos ha otorgado en Cristo. Nos dio la vida, y nuestro objetivo debería ser, disfrutarla.

Busca ser y permanecer como niño, con toda su sencillez. Esto mejorará tu calidad de vida de una manera sorprendente.

PALABRA DE DIOS PARA TI

Estos confían en sus carros de guerra, aquellos confían en sus corceles, pero nosotros confiamos en el nombre del SEÑOR nuestro Dios.

(SALMOS 20:7)

Confía en el SEÑOR de todo corazón, y no en tu propia inteligencia.

(PROVERBIOS 3:5)

MARAVILLOSOS BENEFICIOS

*E*xisten muchas facetas de la fe. La más brillante, sin embargo, ¡es la confianza! La confianza es algo que poseemos, y que nosotros decidimos qué hacer con ella.

¿Dónde has puesto tu confianza? ¿Está ella en tu empleo, en tu jefe, en tu cuenta bancaria o en tus amigos? Tal vez está puesta en ti mismo, en la lista de tus éxitos pasados, en tu educación, tus talentos naturales o en tus posesiones. Todo ello es temporal, sujeto a cambios. Solamente el Señor no cambia. Solo Él es la Roca inconmovible.

Como hijos de Dios, debemos recordar quién nos libertó en el pasado, y saber quién nos librará de los problemas actuales; luego, tomar nuestra confianza y ponerla en el lugar apropiado, el que se halla solo en Dios. La confianza no se turba, porque ha entrado en el reposo de Dios. La confianza no se confunde, porque no tiene necesidad de apoyarse en su propio entendimiento. La confianza no se entrega al razonamiento carnal, sino que deja a Dios ser Dios.

Elige depositar tu confianza en Dios.
Demanda gran fe, pero otorga maravillosos beneficios.

04-01-08

La fe

PALABRA DE DIOS PARA TI

—Esta es la obra de Dios: que crean...
—les respondió Jesús.

(JUAN 6:29)

Les aseguro que si alguno le dice a este monte:
"Quítate de ahí y tírate al mar", creyendo, sin abrigar la
menor duda de que lo que dice sucederá, lo obtendrá.
Por eso les digo: Crean que ya han recibido todo lo que
estén pidiendo en oración, y lo obtendrán.

(MARCOS 11:23-24)

lo unico que necesitamos es crer para agradar a Dios.

¡CREE!

El plan de Dios para nosotros es realmente tan sencillo que muchas veces lo malogramos. Tendemos a buscar algo más complicado –algo más difícil– que se espera que hagamos para complacer a Dios. Jesús nos ha dicho lo que debemos hacer para agradar al Padre: "¡Creer!"

La duda trae confusión y, a menudo, depresión. Nos hace pronunciar palabras negativas llenas de incredulidad. Creer, por el contrario, desata gozo y nos hace libres para disfrutar de la vida mientras Dios toma cuidado de nuestras circunstancias. Suena casi demasiado bueno para ser verdad, por eso muchas personas jamás alcanzan el cumplimiento del plan de Dios para sus vidas.

Cuando Jesús declaró que todo lo que pidamos a Dios creyendo, sería hecho, lo que estaba diciendo era que lo recibiríamos *gratis*. En la economía de Dios, todo lo que llega a nosotros es como un regalo, y lo único que podemos hacer es recibirlo cortésmente, con agradecimiento de corazón.

La fe no es el precio que compra la bendición de Dios. Es la mano que recibe su bendición. El precio fue pagado por nosotros, mediante Jesucristo en la cruz.

❧

*La fe, como un músculo, se fortalece
al "usarla", no al hablar de ella.*

04-02-08

PALABRA DE DIOS PARA TI

*Porque por gracia (favor inmerecido de Dios) ustedes
han sido salvados (liberados del juicio) mediante la fe;
esto no procede de ustedes (de su quehacer), sino que es
el regalo de Dios, no por obras, para que nadie se jacte.*

(EFESIOS 2:8-9)

*Pues hemos recibido noticias de su fe en Cristo Jesús y
del amor que tienen por todos los santos.*

(COLOSENSES 1:4)

FE Y GRACIA

Durante los últimos diez años he escuchado tanto acerca de la fe, que llegué a desesperarme tratando de creer en Dios en cuanto a mis peticiones, sin entender realmente la gracia de Dios. No sabía cómo descansar en Él, cómo fiarme del Señor, cómo confiar totalmente en mi Padre celestial frente a cada situación de la vida. El problema era que yo estaba confiando en mi fe, en lugar de confiar en Dios para suplir mis necesidades.

Si todo se basa solamente en nuestra fe, terminaremos frustrados, tratando de lograr que las cosas sucedan, aunque no tengamos ningún poder para hacerlo. Yo trataba de creer en Dios para recibir sanidad, prosperidad y tener una vida familiar feliz, y no lo lograba. Entonces intenté creerle más a Dios, lo que solo me llevó a una mayor frustración, infelicidad y desaliento.

El error que cometí fue tratar de hacer que las cosas sucedieran por fe, por creer en Dios. En lugar de ello, tuve que crecer y aprender a confiar en la gracia de Dios. Cuando lo hice, cuando dejé de lado todas mis obras, mi frustración desapareció. Me di cuenta que no importaba cuánta fe tenía, sino que Dios saliera al encuentro de mi fe con su gracia para suplir mis necesidades porque, de no ser así, jamás recibiría nada.

El Espíritu Santo nos ilumina para que nuestros ojos se aparten de la habilidad de creer, y se enfoquen en la fidelidad y el deseo de Dios de satisfacer nuestras necesidades.

Palabra de Dios para ti

Practiquen el dominio propio y manténganse alerta.
Su enemigo el diablo ronda como león rugiente,
buscando a quién devorar.
Resístanlo, manteniéndose firmes en la fe.

(1 Pedro 5:8-9a)

Así que sométanse a Dios. Resistan al diablo,
y él huirá de ustedes.

(Santiago 4:7)

EL PROPÓSITO DE LA FE

*D*ebemos saber que el diablo no va a quedarse quieto, sin resistirnos, mientras nosotros intentamos conquistar nuevos territorios. Siempre que comenzamos a tener buenos resultados y avanzamos en la edificación del Reino de Dios, el enemigo viene contra nosotros.

Muchas veces cometemos el error de utilizar la fe solo para llegar al lugar donde hay libertad total de problemas. El propósito de la fe no es siempre evitar tener problemas; con frecuencia es llevarnos a través de ellos. Si nunca tuviésemos dificultades, no necesitaríamos fe alguna.

La tentación de escapar de las crisis siempre está, pero el Señor dice que debemos pasar por ellas. La buena noticia es que Él ha prometido que nunca lo haremos solos. Él siempre estará allí para ayudarnos. Por eso nos ha dicho: "No temas, porque Yo estoy contigo".

En la experiencia cotidiana, debemos aprender a afirmarnos en nuestro territorio y expulsar al diablo de nuestra propiedad, sacarlo fuera de las diferentes áreas de nuestra vida. Aprender a estar firmes en tiempos difíciles es una de las mejores formas de lograrlo.

El diablo retrocederá, al ver que tú no vas a ceder.

PALABRA DE DIOS PARA TI

*...pues he aprendido a estar satisfecho
(contento) en cualquier situación en que
me encuentre.*

(FILIPENSES 4:11b)

FE Y CONTENTAMIENTO

La Biblia nos enseña a estar contentos sin importar cuáles puedan ser nuestras circunstancias (Hebreos 13:5). No debemos inquietarnos por nada, suceda lo que sucediere. Por el contrario, debemos orar por ello y contarle a Dios nuestra necesidad. Mientras esperamos que Él actúe, tenemos que ser agradecidos por todo lo que Dios ya ha hecho por nosotros (Filipenses 4:6).

He descubierto que el secreto de estar gozoso es pedirle a Dios lo que quiero, sabiendo que si está dentro de su voluntad, Él me lo dará en el tiempo oportuno. Y si no es así, Él hará algo mucho mejor de lo que le pedí.

Si anhelamos disfrutar una vida en paz, tenemos que aprender a confiar completamente en Dios. Debemos meditar en lo que Dios ya ha hecho en nuestra vida, en lugar de estar pensando en lo que todavía esperamos que Él haga.

Dios te ama. Él es un Dios bueno que solo hace cosas buenas. Debes vivir feliz sabiendo que su camino es perfecto, y que Él trae consigo una grandiosa recompensa para los que confían en Él (Hebreos 10:35).

Confía en Dios. Encuentra refugio en Él

Dios obra en secreto, detrás de escena,
aún cuando parezca que nunca nada cambiará.

PALABRA DE DIOS PARA TI

*Humíllense, pues, bajo la poderosa mano de Dios...
...depositen en Él toda ansiedad (preocupaciones),
porque él cuida (se interesa afectivamente)
de ustedes.*

(1 PEDRO 5:6-7)

DIOS CUIDA DE TI

*L*a preocupación, la ansiedad y la inquietud nunca tienen un efecto positivo en nuestra vida. Tampoco aportan solución a los problemas. No ayudan a tener una buena salud y obstaculizan nuestro crecimiento en la Palabra de Dios.

Una de las formas en que Satanás roba la Palabra de nuestro corazón es a través del afán. La Biblia dice que debemos echar nuestra ansiedad sobre Él, lo que se logra a través de la oración. No podemos solucionar solos nuestros problemas; no fuimos diseñados para ello. Somos creados por Dios para ser dependientes de Él, para traerle nuestros desafíos y permitir que nos ayude con ellos.

No debemos echar la ansiedad sobre nosotros. El no soltar las preocupaciones es una manifestación de orgullo. Esto demuestra que pensamos que podemos resolver nuestros propios problemas, y que no necesitamos al Señor.

Mostramos nuestra humildad al confiar en Dios. La preocupación, la ansiedad y la inquietud no son manifestaciones de confianza en Dios, sino que indican claramente, con su sola existencia, que intentamos cuidarnos nosotros mismos.

Ora por todo, y no estés ansioso por nada. Disfrutarás mucho más de la vida.

---— ❧ —---

La habilidad de Dios para realizar su voluntad en tu vida, está determinada por tu fe en Él y en su Palabra.

---

*La gracia es Dios haciéndonos un favor;
manifestándose con su poder y su fuerza
para hacer, en y a través de nosotros,
lo que no merecemos que haga.*

La sencillez de la gracia

PALABRA DE DIOS PARA TI

Solo quiero que me respondan a esto:
¿Recibieron el Espíritu por las obras que demanda la
ley, o por la fe con que aceptaron el mensaje?
¿Tan torpes son? Después de haber comenzado con
el Espíritu, ¿pretenden ahora perfeccionarse
con esfuerzos humanos?
¿Tanto sufrir, para nada? ¡Si es que de veras
fue para nada!
Al darles Dios su Espíritu y hacer milagros
entre ustedes, ¿lo hace por las obras que demanda
la ley o por la fe con que han aceptado el mensaje?

(GÁLATAS 3:2-5)

Parte Dos

LA SENCILLEZ
DE LA GRACIA

No hay nada más poderoso que la gracia de Dios. Todo en la Biblia –salvación, llenura del Espíritu Santo, comunión con Dios y la victoria en nuestra vida diaria– se basa en ella. Sin gracia, nada somos, nada tenemos, nada podemos hacer. Si no fuera por la gracia de Dios, todos seríamos desdichados y estaríamos carentes de esperanza.

La gracia de Dios no es complicada ni confusa. En verdad, es tan sencilla que muchos de nosotros perdemos de vista su real significado, y terminamos haciendo nuestras vidas increíblemente complejas. Lo sé, porque yo lo hice.

Cuando leía la Palabra de Dios, constantemente veía la necesidad de un cambio en mi vida. Pero no sabía que la gracia de Dios podía hacerlo realidad. No comprendía cómo permitirle al Espíritu Santo que se acercara a mí y obrara para que las cosas sucedieran. Por eso, intenté cambiar por mí misma para ser todo lo que la Palabra decía que yo debía ser. También traté de cambiar todo lo demás en mi vida; como mi esposo, mis hijos, y cualquier otra circunstancia que pensaba que era la causa de mis problemas. Lo que logré fue mucho más que frustración, los resultados fueron destructivos.

Le agradezco a Dios que Él no me dejó allí.

---- ❧ ----

La gracia es el poder de Dios disponible para satisfacer nuestras necesidades sin costo alguno. Se recibe creyendo, y no a través del esfuerzo propio.

PALABRA DE DIOS PARA TI

*Pero él nos da mayor ayuda con su gracia. Por eso dice la
Escritura: "Dios se opone a los orgullosos, pero da gracia
(continuamente) a los humildes".*

(SANTIAGO 4:6)

MÁS Y MÁS GRACIA

*T*odos los seres humanos tienen tendencias al mal, pero Santiago nos enseña que Dios nos dará más y más gracia para enfrentarlas.

Pasé mucho tiempo de mi vida cristiana tratando de cambiar mis intenciones y motivos equivocados. Todo el intento trajo mucha frustración. Tuve que humillarme y aprender que Dios da gracia al humilde, no al orgulloso.

Cada uno tiene un concepto propio acerca de lo que puede llegar a realizar, y a menudo pensamos mucho más de nosotros de lo que debiéramos. Tendríamos que mantener una actitud humilde, sabiendo que separados de Dios nada podemos hacer.

Si estás planeando tu propio camino, tratando de hacer que las cosas sucedan en tus fuerzas, te frustrarás. Probablemente llegarás a decir: "¡No importa lo que haga, nunca me sale bien!" Nada va a resultar hasta que aprendas a confiar en la gracia de Dios.

Descansa. Permite a Dios ser Dios. No seas tan exigente contigo. El cambio es un proceso; sucede poco a poco. Estás en el camino a la perfección, así que disfruta del viaje.

Si deseas ser libre, debes estar dispuesto a dejar de intentar en tus fuerzas, y comenzar a confiar; a dejar de hacer, y empezar a orar.

Palabra de Dios para ti

Ahora bien, es evidente que por la ley nadie es
justificado delante de Dios, porque "el justo vivirá por
la fe". La ley no se basa en la fe; por el contrario,
"quien practique estas cosas vivirá por ellas".
Cristo nos rescató de la maldición de la ley al hacerse
maldición por nosotros, pues está escrito: "Maldito todo
el que es colgado de un madero".

(GÁLATAS 3:11-13)

No desecho la gracia de Dios. Si la justicia se obtuviera
mediante la ley, Cristo habría muerto en vano.

(GÁLATAS 2:21)

GRACIA VERSUS OBRAS

Qué interesante es pensar que nos acercamos a Dios por medio de Cristo, tal como somos, confiando solamente en la sangre de Jesús para limpiarnos de nuestros pecados. El corazón está lleno de gratitud porque sabemos que no lo merecemos. Pero desde ese momento en adelante queremos, por alguna razón, ser merecedores de todo lo demás que Él nos da. Desde entonces, Dios ha tenido prácticamente que forzar cada bendición en nosotros porque pensamos que no la merecemos. No leímos la Biblia lo suficiente, no oramos el tiempo que era necesario o perdimos la paciencia con el tránsito. Hallamos millones de motivos para sentirnos descalificados del favor de Dios.

A pesar de enfatizar por completo la fe, tratamos de vivir por obras una vida que ha sido dada y diseñada por Dios para ser vivida por gracia. No es de extrañar que nos sintamos frustrados y confundidos, ambas son señales de que nos hemos apartado de la gracia y comenzamos a confiar en nuestras obras.

Cuando tienes un problema en tu vida que no sabes cómo resolver, lo que necesitas es más gracia, no comenzar a razonar. Si no puedes encontrar una solución para tu situación, entonces precisas que el Señor te la revele.

Cuanto más te impacientes y esfuerces en hacer algo al respecto, es menos probable que veas la solución.

Donde fracasan las obras, siempre triunfa la gracia.
No frustres la gracia de Dios.

PALABRA DE DIOS PARA TI

*Le pregunté entonces al ángel que hablaba
conmigo: "¿Qué significa todo esto, mi señor?"
Y el ángel me respondió: "¿Acaso no sabes lo que
significa?" Tuve que admitir que no lo sabía.
Así que el ángel me dijo: "Esta es la palabra del
SEÑOR para Zorobabel: 'No será por la fuerza ni
por ningún poder, sino por mi Espíritu
—dice el SEÑOR Todopoderoso—'".*

(ZACARÍAS 4:4-6)

¡CONÉCTATE!

*E*n nuestro caminar cristiano, muchas veces llegamos a poseer una cantidad de principios, fórmulas y métodos, pero carecen de verdadero poder. Esto también se aplica a las enseñanzas sobre la fe, la oración, la alabanza, la meditación, los estudios bíblicos, la confesión, la guerra espiritual y todos los otros preceptos sobre los que hemos escuchado y asimilado. Todo es bueno, y necesitamos saber acerca de ello, pero por sí solo no puede resolver nuestro problema.

Debemos recordar que, aún con lo buena que son estas disciplinas, solo son canales para recibir del Señor. No son de ninguna ayuda si no están conectadas a la fuente de poder divino.

Nos conectamos a través de una relación personal con Dios, lo que demanda tiempo. Nunca lograremos una verdadera victoria perdurable en nuestra vida cristiana, si no tenemos un tiempo de comunión privada y personal con el Señor. Él tiene un plan especial, único para ti. Si se lo pides, Él se acercará a tu vida y tendrá una relación íntima contigo. Él te enseñará y te guiará en el camino que debes recorrer.

Aprende a responder con prontitud a la guía del Espíritu Santo. Apártate con Él a solas, y serás recompensado en abundancia.

Es solo en la presencia del Señor
donde recibimos su poder.

Palabra de Dios para ti

Ahora bien, cuando alguien trabaja, no se le toma en cuenta el salario como un favor sino como una deuda (algo que se le debe).
Sin embargo, al que no trabaja, sino que cree en el que justifica al malvado, se le toma en cuenta la fe como justicia.

(Romanos 4:4-5)

También por medio de él [de Jesús], y mediante la fe, tenemos (nuestro) acceso a esta gracia en la cual nos mantenemos firmes. Así que nos regocijamos en la esperanza de alcanzar la gloria de Dios.

(Romanos 5:2)

LA GRACIA NO SE VENDE

*E*l diablo quiere que tú y yo pensemos que podemos comprar la gracia de Dios. Pero su gracia no se vende, porque por su misma definición –favor *inmerecido*– es un don, un regalo.

La gracia no puede comprarse con oración, buenas obras, lectura bíblica o por confesar las Escrituras. Tampoco puede comprarse con la fe. La gracia de Dios se recibe, no se compra.

Debemos ser muy cuidadosos en que, aún cuando actuemos de acuerdo a métodos apropiados, nuestros motivos continúen siendo puros. Inclusive si al tener comunión con el Señor, nuestra motivación es obtener algo de Él, estamos actuando por obras, y no por gracia. No caigamos en la trampa de pensar que *merecemos* algo bueno de parte del Señor. Cada vez que nos dejamos influenciar por el yo y el ego, entramos en terreno peligroso. Debemos ir más allá de nosotros mismos, de nuestras obras y esfuerzos, manteniendo los ojos enfocados en Dios y su gracia.

Debemos buscar al Señor y tener comunión con Él, por la sola razón de que lo amamos y anhelamos estar en su presencia.

*La determinación y la fuerza de voluntad solo pueden
llevarte hasta cierto punto. Cuando la carne fracase
–y así será– todo se desmoronará, y también tú.*

Palabra de Dios para ti

Al que puede hacer muchísimo más que todo lo que
podamos imaginarnos o pedir, por el poder que
obra eficazmente en nosotros, ¡a él sea la gloria en
la iglesia y en Cristo Jesús por todas las
generaciones, por los siglos de los siglos! Amén.

(EFESIOS 3:20-21)

—Lo que es imposible para los hombres es posible
para Dios —aclaró Jesús.

(LUCAS 18:27)

El entrenador divino

*N*uestro Dios puede hacer mucho más de lo que jamás nos atrevamos a imaginar, pedir o incluso pensar.

Necesitamos orar y pedir con fe y confianza. Esto abre el canal de bendición. Pero es Dios el que hace la obra, no nosotros.

Si estás tratando de lograr cambios en tu personalidad, esta palabra es especialmente para ti. Tú no puedes cambiarte a ti mismo. Pero gracias a Dios, ¡Él sí puede hacerlo! Él sabe lo que está mal y es capaz de efectuar los cambios que necesitas, si tan solo se lo pides.

No existen problemas demasiado grandes como para que la gracia de Dios no los alcance. Si nuestro problema crece, la gracia de Dios se hace aún mayor. Si el problema se multiplica, y de uno pasan a ser dos, a tres o más, la gracia de Dios también se multiplica de manera tal que podamos solucionarlos.

No se necesita más fe para creerle a Dios por la respuesta a tres problemas, que por la respuesta a dos problemas o a un solo problema. Sea que creamos o no, nuestro Dios es lo suficientemente grande para resolver cualquier cosa que enfrentemos.

Creemos que debemos ser exitosos, y lo somos.
Pero la forma de lograrlo es creyendo. El saber
esto nos libra de la ansiedad y el razonarlo todo.

Palabra de Dios para ti

*Así que acerquémonos confiadamente al trono de
la gracia (favor inmerecido) para recibir misericordia
y hallar la gracia que nos ayude
en el momento que más la necesitemos.*

(Hebreos 4:16)

MONTAÑAS DE GRACIA

*N*uestro Dios está siempre con nosotros. Pero a veces se levantan montañas frente a nosotros que parecen ser más grandes que Él. La tentación es evitar los obstáculos, correr lejos de las cosas que se nos oponen. En realidad, estamos escapando del enemigo, porque es él el que arroja las dificultades, y lo hace con ese propósito. Te aliento a enfrentarlo, a no temerle o sentirte intimidado por lo que envía contra ti.

Uno de los aspectos que no alcanzamos a comprender acerca de la gracia de Dios es que, aunque Él tiene innumerables montañas de gracia, debemos acercarnos a su trono constantemente para obtener seguridad para el hoy, paz para el ayer y confianza para el mañana. Aunque Dios siempre nos lleva a atravesar situaciones que escapan a nuestra posibilidad de solucionarlas, Él sabe exactamente qué hará. Tiene un plan, una senda y una labor, todo listo para nosotros.

No importa lo que suceda, Dios siempre está en control. Su gracia es poder, y es suficiente para satisfacer todas nuestras necesidades. Aún a través de los tiempos más difíciles, de los de extrema presión y tensión, su divino poder que obra maravillas está disponible para todos los que enfrentan desafíos en la vida. Clama al Señor y Él proveerá

*Dios nunca nos guía a donde no pueda guardarnos.
Su gracia siempre es suficiente para nosotros en
cada una de las circunstancias de la vida.*

PALABRA DE DIOS PARA TI

*Pero Dios escogió lo insensato del mundo para
avergonzar a los sabios, y escogió lo débil del
mundo para avergonzar a los poderosos.
También escogió Dios lo más bajo y despreciado,
y lo que no es nada, para anular lo que es,
a fin de que en su presencia nadie
pueda jactarse.*

(1 CORINTIOS 1:27-29)

GRACIA PARA SER SUS EMBAJADORES

Cierta vez, mientras leía acerca de Smith Wigglesworth y su extraordinaria fe, me sentía profundamente conmovida por todas las cosas maravillosas que hizo en su ministerio. Entonces pensé: *Señor, yo sé que me has llamado pero, ¿podría alguna vez hacer algo como lo que hizo él?* De inmediato sentí que el Señor hablaba a mi corazón: "¿Por qué no? ¿No era él tan indigno como tú?"

Ya ves, pensamos al revés. Creemos que Dios está buscando gente que "tiene todo en orden". Pero esta no es la verdad. La Palabra dice que Dios, en su gracia y favor, escoge lo débil e insensato del mundo para confundir al sabio. Él busca personas que se humillen y le permitan hacer su voluntad a través de sus vidas.

Si decides tomar cuidado de no llegar a ser altanero o arrogante, el Señor podrá usarte tan poderosamente como a cualquiera de los grandes hombres y mujeres de Dios. Él no nos elige porque somos capaces, sino simplemente porque estamos dispuestos. Eso también es parte de la gracia y el favor de Dios, lo que derrama sobre nosotros cuando nos escoge como embajadores personales de Cristo.

Tienes tanto derecho al favor de Dios como cualquier otra persona. Aprende a beneficiarte de ese derecho y camina en él.

PALABRA DE DIOS PARA TI

*Sobre la casa real de David y los habitantes de Jerusalén
derramaré un espíritu de gracia y de súplica.*

(ZACARÍAS 12:10A)

*Ahora bien, el Señor es el Espíritu; y donde está
el Espíritu del Señor, allí hay libertad.
Así, todos nosotros, que con el rostro descubierto
reflejamos como en un espejo la gloria del Señor, somos
transformados a su semejanza con más y más gloria
por la acción del Señor, que es el Espíritu.*

(2 CORINTIOS 3:17-18)

EL ESPÍRITU DE GRACIA

Uno de los veinticinco nombres bíblicos usados para referirse al Espíritu Santo es, Espíritu de gracia y de súplica. No podremos vivir en victoria si no comprendemos el rol que desempeña el Espíritu Santo, de impartir poder a nuestras vidas y enseñarnos a orar, para pedir a Dios lo que necesitamos en lugar de tratar nosotros mismos de realizarlo.

El Espíritu de gracia es Aquel que trae toda buena dádiva a nuestra vida, todo lo que necesitamos. Su múltiple rol como Consolador, Consejero, Ayudador, Intercesor, Abogado, Fortalecedor y Fiel Compañero, puede resumirse diciendo que su propósito es encaminar nuestras vidas y hacer que todas las cosas obren para la gloria de Dios.

Dios está interesado en cada detalle de nuestra vida. Siempre quiere ayudarnos. Está a nuestro lado en todo tiempo, esperando la oportunidad para intervenir y darnos la ayuda y fortaleza que necesitamos. Aprende una de las oraciones más espirituales que puedes ofrecer: "¡Ayúdame!" No tenemos porque no pedimos. Pide, pide y pide. Sigue pidiendo para que puedas recibir y tu gozo sea completo.

La gracia de Dios no viene sola, debemos escoger recibirla. A Dios le corresponde darnos su gracia y su Espíritu; a nosotros entregarle nuestra mente y voluntad.

Esta es la voluntad de Dios para nosotros,
que podamos disfrutar la vida que tenemos.
Jesús no murió para que tú y yo
seamos esclavos. Murió para librarnos
de toda clase de opresión y miseria.

La sencillez
del gozo
y de la paz

PALABRA DE DIOS PARA TI

Porque el reino de Dios no es cuestión de comidas o bebidas sino de justicia, paz y alegría en el Espíritu Santo.

(ROMANOS 14:17)

Que el Dios de la esperanza los llene de toda alegría y paz a ustedes que creen en él, para que rebosen de esperanza por el poder del Espíritu Santo.

(ROMANOS 15:13)

Parte Tres

LA SENCILLEZ DEL GOZO Y LA PAZ

Nunca tendría que ser así de complicado, pensé, sintiéndome miserable. Algo se escondía dentro de mí, vaciándome constantemente del gozo. Comencé a darme cuenta de que no estaba creyendo. Estaba dudando del llamado de Dios en mi vida, preguntándome si Él supliría nuestras necesidades financieras, cuestionando mis decisiones y acciones.

Me había vuelto negativa en lugar de ser positiva. Estaba dudando en lugar de creer.

La duda lo complica todo. Cruza furtivamente la puerta de tu corazón, llenando tu mente con razonamientos que te conducen al negativismo. Rodea las circunstancias y situaciones de tu vida intentando hallar respuestas.

La Palabra de Dios nunca nos enseña a buscar nuestras propias respuestas. Nos instruye, en cambio, a confiar en Dios con todo nuestro corazón y alma (Proverbios 3:5). Cuando seguimos los sencillos lineamientos que el Señor ha establecido para nosotros, infaliblemente traerán gozo y paz.

Cuando la duda golpea a tu puerta, responde con un corazón que cree, y siempre obtendrás victoria. Esa es una excelente razón para celebrar.

El gozo jamás se manifiesta a través de la incredulidad, sino que está siempre presente donde hay fe.

PALABRA DE DIOS PARA TI

Porque el reino de Dios no es cuestión de comidas
o bebidas sino de justicia, paz y alegría en el
Espíritu Santo.

(ROMANOS 14:17)

GOZO

*M*i comprensión del *gozo* es que abarca una amplia variedad de emociones, desde el sereno deleite al extremo júbilo. Los tiempos de bullicio y alegría son divertidos, y todos necesitamos esos momentos de risa al punto de hacernos doler la mandíbula. Probablemente no viviremos así todos los días, pero los necesitamos. Si no, para qué nos habría dado Dios la capacidad de reír.

Como cristianos, deberíamos crecer en nuestra habilidad de disfrutar la vida y ser capaces de decir: "Vivo la vida de una manera serena y en calmo deleite". Creo que esto es una mezcla de paz y gozo.

Algunas de las palabras griegas relacionadas con el gozo en la Biblia significan: *deleite, alegría, sumamente gozoso, gozo exuberante, alegrarse, regocijarse grandemente... con gozo extraordinario*. El diccionario Webster lo define como: *un gran placer o felicidad, una fuente de placer o satisfacción, llenar de gozo o disfrutar*.

Cualquiera que sea la definición que prefieras, la triste realidad es que hay muy pocos creyentes que conocen el gozo del Señor. No dejes que otro día pase sin experimentar el Reino de Dios en su esencia: justicia, paz y gozo en el Espíritu Santo.

*Nada hay tan trágico como
estar vivo y no disfrutar de la vida.*

PALABRA DE DIOS PARA TI

El ladrón no viene más que a robar, matar y destruir;
yo he venido para que tengan vida, y la tengan
en abundancia.

(JUAN 10:10)

CELEBRA LA VIDA

$\mathcal{E}$s posible vivir tranquilo, teniendo quizá propuestas laborales, logros, quehaceres, pero sin nunca llegar a disfrutar realmente de la vida. Esta es la realidad de los inconversos, como también la de los creyentes que no han aprendido a disfrutar de la vida que Dios les ha regalado. Jesús nos dio la existencia para que sintamos el placer de estar vivos, y no solo para que podamos atravesar sus vaivenes tratando de sobrevivir hasta que Él regrese a buscarnos, o nos lleve al hogar celestial.

Disfrutar la vida es una decisión que no se basa en circunstancias placenteras. Es una actitud del corazón, una decisión de disfrutar cada cosa porque cada una –aún aquellas pequeñas y aparentemente insignificantes– tiene sentido dentro del total y "gran plan" de Dios.

La duda y la incredulidad son los ladrones del gozo, pero la fe sencilla, como la de un niño, desata el gozo que reside en nuestro espíritu porque el Espíritu Santo vive allí. En la medida que creamos que la voluntad de Dios para nosotros es que experimentemos gozo permanente, descubriremos un poder que nos eleva por encima de las circunstancias. Nos sentiremos libres para dejar nuestros problemas en las manos de Dios, mientras disfrutamos de sus bendiciones.

Debemos aprender a celebrar el gozo en Dios,
para vivir la vida "a pleno".

Palabra de Dios para ti

Hermanos, no pienso que yo mismo lo haya logrado ya. Más bien, una cosa hago: olvidando lo que queda atrás y esforzándome por alcanzar lo que está delante, sigo avanzando hacia la meta para ganar el premio (supremo y celestial) que Dios ofrece mediante su llamamiento celestial en Cristo Jesús.

(Filipenses 3:13-14)

El enemigo
Número uno del gozo

El remordimiento por situaciones ocurridas en el pasado es lo que muchas veces nos roba el gozo y la paz. Muchos permanecen atrapados allí. Sea que hayan cometido un error hace veinte años o diez minutos, nada hay que pueda hacerse al respecto, excepto pedir el perdón de Dios, recibirlo, olvidar el pasado y continuar. Quizá puedas hacer restitución a las personas que lastimaste; en realidad, deberías hacerlo. Pero lo esencial es que, aún así, debes soltar el pasado para aferrarte fuertemente al futuro.

Como Pablo, todos nos esforzamos por alcanzar la meta del gran premio, pero ninguno de nosotros ha llegado. Creo que él disfrutaba por completo de su travesía por la vida y ministerio; esta "aspiración" era el porqué de su sentir. Había aprendido a olvidar sus errores, y rehusaba vivir con remordimientos por el pasado.

Recuerda siempre que el remordimiento ¡roba *el ahora*! Dios nos llama a una marcha de fe *en el hoy, ahora*. Cuando me afianzo al pasado pongo a un lado mi fe y dejo de creer, entonces pierdo mi gozo y paz.

Permite que este sea un día de decisión para ti, un día en el que escojas ya no dejarte influenciar por el remordimiento. Conviértete en una persona del hoy. Vive en el presente. Dios tiene un plan para ti ahora. Confía en Él hoy.

❧

Dios concede gracia, gozo y paz para hoy,
pero no otorga gracia para ayer o para mañana.
Vive la vida un día a la vez.

PALABRA DE DIOS PARA TI

*Pues Dios no nos ha dado un espíritu de timidez
(cobardía, temor), sino de poder, de amor y de dominio
propio (mente calma y equilibrada).*

(2 TIMOTEO 1:7)

*Entonces les respondí: "No se asusten ni les tengan
miedo. El SEÑOR su Dios marcha al frente y
peleará por ustedes, como vieron que lo hizo
en Egipto..."*

(DEUTERONOMIO 1:29-30)

EL ENEMIGO
NÚMERO DOS DEL GOZO

¿Esperas la llegada de cada día con un espíritu de gozo y paz, creyendo que traerá cosas buenas? ¿O aguardas cada mañana en un estado de temor? El miedo, ya sea de ir a trabajar o de enfrentar una enfermedad que amenaza la vida, es una forma sutil de temor que el diablo usa para robar el gozo y así privarnos de disfrutar la vida. Esto nos impide caminar en la voluntad de Dios y avanzar en los planes que Dios tiene para recibir sus bendiciones.

El temor aparece de manera agresiva y violenta, y no puede vencerse pasivamente. Permitir que sentimientos y pensamientos negativos vengan a ti, devastará tu gozo y tu paz. Debemos usar nuestra fe para derrotarlo inmediatamente. Debemos creer que Jesús va delante de nosotros y nos abre un camino. Cuando un proyecto parezca imposible o difícil de realizar, confía en que Dios hará un camino perfecto para ti.

Como cristianos, podemos hacer cosas que quizás no nos agraden, pero las disfrutamos porque el Espíritu Santo está en nosotros. Podemos gozar de Él en medio de condiciones adversas y desagradables. Nuestro gozo proviene de Aquel que está *dentro* de nosotros, no de lo que hay a nuestro alrededor.

*Si preparamos nuestra mente, podemos
disfrutar cada cosa que hacemos en la vida.
Donde Dios guía, Él provee.*

PALABRA DE DIOS PARA TI

*En fin, el fruto de la justicia se siembra en paz
para los que hacen la paz (con ellos mismos y con los
demás; aquella paz que también significa: acuerdo,
armonía entre individuos, una paz libre de temor,
de pasiones y conflictos morales).*

(SANTIAGO 3:18)

*Practiquen el dominio propio (sean equilibrados,
sobrios en su manera de pensar) y manténgase alerta
(vigilantes, cautelosos en todo tiempo). Su enemigo el
diablo ronda como león rugiente, buscando a
quién devorar.*

(1 PEDRO 5:8)

El poder del gozo y la paz

Si tienes un problema y el diablo no logra inquietarte por ello, significa que él no tiene poder sobre ti. Tu poder está en mantenerte calmo, en paz, con una actitud de confianza. El poder del diablo reside en causarte enojo y temor, minando así tu fortaleza.

Cuando te encuentres en una situación problemática, permite que tu meta sea simplemente permanecer en calma. Cada vez que comienzas a sentirte molesto o frustrado, detente y pregúntate: "¿Qué está tratando de hacer el enemigo aquí?"

El Espíritu Santo se mueve en una atmósfera de gozo y paz. No trabaja en el alboroto. En tiempo de prueba, tu fortaleza se encuentra asumiendo tu posición en Cristo y entrando en el descanso de Dios. Todas estas palabras bíblicas —*esperar, aquietarse, descansar, permanecer y en Cristo*— expresan básicamente lo mismo: *¡No pierdas tu gozo y tu paz!*

No estamos vencidos, sino que siempre seremos vencedores. Es probable que no superes cada obstáculo, pero puedes tener la certeza de que siempre triunfarás en Cristo. Si sabes enfrentar cada problema, obtendrás la victoria. Jesús está siempre contigo en cada situación. Solo recuerda confiar en Él para que el gozo y la paz sean suficientes para hoy.

***

Si el enemigo logra dominarte a través de las circunstancias, controlará tu vida todo el tiempo. Elige caminar en tu autoridad, permanece siempre en paz.

PALABRA DE DIOS PARA TI

Me has dado a conocer la senda de la vida; me llenarás de alegría en tu presencia, y de dicha eterna a tu derecha.

(SALMOS 16:11)

PLENITUD DE GOZO

Hay muchos beneficios maravillosos que derivan del simple hecho de pasar tiempo con Dios. La presencia del Señor está siempre con nosotros, pero hay veces que no la reconocemos, o no tomamos el tiempo necesario para llegar a ser conscientes de ella.

Parece haber una gran falta de gozo y paz en el mundo, pero también en el pueblo de Dios. Muchas personas pasan su vida tratando de obtener cosas, cuando en realidad nada puede satisfacerlos, excepto Dios mismo.

Cuando la gente no se siente satisfecha en su interior, generalmente busca algo externo para satisfacer su hambre. Con frecuencia terminan en una búsqueda infructuosa de lo que nunca podrá llenar el vacío interior. Hemos oído decir que muchos en la vida suben la escalera del éxito solo para descubrir que, al llegar a la cima, su escalera se apoyó en el edificio equivocado.

Cuando mantenemos nuestras prioridades en orden, descubrimos que todo lo que en realidad necesitamos en la vida se encuentra en el Señor. Busca habitar en su presencia. En Él está la senda de la vida, la plenitud del gozo y los placeres perdurables.

────────── ✺ ──────────

La razón por la que podemos reír y disfrutar la vida,
—a pesar de nuestras circunstancias actuales—
es porque Jesús es nuestro gozo.

PALABRA DE DIOS PARA TI

*Porque (después de todo) el Reino de Dios no es
cuestión de (conseguir) comidas o bebidas sino
de justicia, paz y alegría en el
Espíritu Santo.*

(ROMANOS 14:17)

LA VIDA DEL REINO

*E*l Reino de Dios no se compone de posesiones mundanales, sino que consiste en algo mucho más grande y beneficioso. Dios ciertamente nos concede bendiciones materiales, pero el Reino de Dios es mucho más que eso: es justicia, paz y gozo en el Espíritu Santo.

La *justicia* no es el resultado de lo que nosotros hacemos, sino más bien es lo que Jesús ha hecho por nosotros (1 Corintios 1:30). Cuando aceptamos esta verdad por fe y se convierte en una realidad personal, una gran carga es quitada de nuestros hombros.

La *paz* es algo muy maravilloso; es definitivamente vivir en el Reino. Debemos buscar la paz, anhelarla y seguirla (Salmos 34:14; 1 Pedro 3:11). Jesús es nuestra paz (Efesios 2:14). La voluntad de Dios para ti y para mí es la paz que va más allá del entendimiento (Filipenses 4:7).

El *gozo* puede ir desde el apacible deleite hasta el extremo júbilo. El gozo mejora nuestro semblante, nuestra salud y nuestra calidad de vida; fortalece nuestro testimonio ante otros y hace más llevaderas algunas de las circunstancias menos deseables de nuestra vida.

Está claro en la Palabra de Dios: busca a Dios y su Reino, y Él cuidará de todo lo demás (Mateo 6:33).

Dios te concederá aquello por lo que estás creyendo,
si está de acuerdo a su voluntad, sin importar cuánto
tiempo tome. El conocer esta verdad te mantendrá fluyendo
en el gozo de su Reino.

PALABRA DE DIOS PARA TI

No se inquieten por nada; más bien, en toda ocasión,
con oración y ruego, presenten sus peticiones
a Dios y denle gracias.
Y la paz de Dios, que sobrepasa todo
entendimiento, cuidará sus corazones y sus
pensamientos en Cristo Jesús.

(FILIPENSES 4:6-7)

Depositen en él toda ansiedad (preocupación,
carga, angustia una vez y por siempre), porque él
cuida de ustedes (afectuosamente).

(1 PEDRO 5:7)

ORACIÓN Y PAZ

*E*s una hermosa experiencia sentir la paz que sobrepasa el entendimiento. Cuando por causa de todas las circunstancias deberías sentirte turbado, con pánico, agitado y preocupado, pero aún así tienes paz, ¡resulta inexplicable! El mundo tiene hambre de esta clase de paz. Tú no puedes comprarla; no está a la venta. Es un don gratuito de Jesús, y conduce al gozo indecible y a la plenitud de gloria.

La oración de entrega es una oración poderosa, pues toma tu carga y la deposita en Jesús. *Echar sobre* significa tirar o arrojar con vehemencia. Cuanto antes lo hagas, mejor. Lo logras a través de la oración. Encomienda tus problemas a su cuidado amoroso. Haz esto tan pronto como el Espíritu Santo te haga consciente de que has perdido tu paz y gozo. Cuanto más esperes y te resistas, mayor será el dominio del diablo sobre ti. Luego, resulta más difícil liberarse.

Jesús quiere que sepamos que una buena relación con Dios es posible, gracias a que lo que Él ya ha hecho por nosotros. Desea que tengamos inmenso gozo y profunda paz en medio de la tribulación. Solo Él puede darnos eso.

El creyente que experimenta la paz de Dios mediante su relación con Jesús, puede conservarla aún en medio de las tormentas de la vida.

Lo que necesitamos más que ninguna otra cosa, es una revelación personal del amor de Dios. Este es el fundamento para una vida cristiana victoriosa.

La sencillez
del amor

PALABRA DE DIOS PARA TI

Y nosotros hemos llegado a saber (entender, reconocer, ser conscientes por experiencia) y creer que Dios nos ama. Dios es amor. El que permanece en amor, permanece en Dios, y Dios en él.

Ese amor se manifiesta plenamente entre nosotros para que en el día del juicio comparezcamos con toda confianza, porque en este mundo hemos vivido como vivió Jesús. En el amor no hay temor (amenaza), sino que el amor perfecto (completo, maduro) echa fuera el temor. El que teme espera el castigo, así que no ha sido perfeccionado en el amor.

Nosotros amamos a Dios porque él nos amó primero.

(1 Juan 4:16-19)

Parte Cuatro
LA SENCILLEZ DEL AMOR

mar y ser amado es lo que hace que la vida merezca vivirse. La razón por la que Dios nos creó es para amar, y esto es la energía de la vida. El amor da propósito y significado a la existencia. El amor es lo más grande que hay en el mundo.

Es también el área de nuestra vida más cruelmente atacada. La meta del diablo es separarnos del amor de Dios, y usará todo lo que esté a su alcance para distorsionar nuestra comprensión acerca de él, o para tornarla confusa. Su principal recurso de engaño es hacernos creer que el amor de Dios depende de nuestro mérito.

Así fue como él actuó en mi vida. Cada vez que fallaba, no me permitía, a mí misma, recibir el amor de Dios, y comenzaba a castigarme mediante el sentimiento de condena y culpa. Viví así los primeros cuarenta años de mi vida, cargando fielmente la pesada bolsa de la culpa sobre mi espalda, donde fuera que iba. Cometía errores a menudo y me sentía culpable por cada uno de ellos. Luego trataba de ganar el favor de Dios con buenas obras.

El día de la liberación finalmente llegó. Dios por su gracia me reveló, a través del Espíritu Santo, su amor por mí de una manera personal. La sola revelación cambió mi vida entera y mi caminar con Él.

El amor de Dios por ti es perfecto e incondicional.
Cuando tú fallas, Él sigue amándote,
porque su amor no está basado en ti, sino en Él.

PALABRA DE DIOS PARA TI

Porque tanto amó Dios al mundo, que dio a su (único) Hijo unigénito, para que todo el que en él cree no se pierda (sea destruido), sino que tenga vida eterna.

(JUAN 3:16)

Y nosotros hemos llegado a saber (conscientemente, por observar y experimentar) y creer que Dios nos ama. Dios es amor. El que permanece en amor, permanece en Dios, y Dios en él.

(JUAN 4:16)

AMADO EN GRAN MANERA

*M*uchos creemos que Dios ama al mundo, pero no estamos realmente convencidos de su amor por nosotros. Algunos sentimos que Él nos ama siempre y cuando hagamos todo correctamente. Pero nos dimos cuenta, hace tiempo ya, que a Dios nada le sorprende con respecto a nosotros.

Hemos estado equivocados en nuestro pensar. Dios nos ama, ¡Dios *te* ama! Para Él, eres especial. Él no te ama porque seas una buena persona o hagas todo bien. Él te ama porque Él es amor. El amor no es algo que Dios practique; es Quien Él es.

El amor de Dios no puede ganarse o merecerse. Debe recibirse por fe. Su amor es puro y está siempre fluyendo. Él es Dios eterno, y nunca podrás agotarlo o cansarlo. Muchos de nosotros pensamos que hemos desgastado a Dios con nuestros fracasos y confusiones, pero no es así. Él no siempre ama todo lo que haces, pero ciertamente te ama a ti. El amor es su naturaleza inagotable.

No importa cuán arduamente busques las cosas de Dios; si no has recibido la revelación de que Dios te ama, no podrás avanzar en la vida.

Permite que Dios te ame. Recibe su amor por ti. Sumérgete en Él. Medita en Él. Deja que te cambie y te fortalezca. Luego, transmítelo a otros.

Aunque fueras la única persona sobre la faz de la Tierra,
Jesús hubiera pasado todo el sufrimiento solo por ti.
Su amor por ti es eterno.

PALABRA DE DIOS PARA TI

*Y a confortar a los dolientes de Sión. Me ha
enviado a darles una corona en vez
de cenizas.*

(ISAÍAS 61:3A)

*Pero yo te restauraré y sanaré tus heridas
–afirma el SEÑOR– porque te han llamado
la Desechada, la pobre de Sión,
la que a nadie le importa.*

(JEREMÍAS 30:17)

GLORIA EN VEZ
DE CENIZAS

*T*odos experimentamos rechazo en esta vida, y los recuerdos y cicatrices que este deja suelen ser difíciles de comprender. Miles de personas han sido profundamente heridas, son el producto de relaciones que han fracasado, y vienen de entornos abusivos que todavía produce fruto negativo en sus personalidades.

El Señor me ha enseñado, una y otra vez, que el fruto malo proviene de una mala raíz. No importa cuánto intentemos librarnos de él, a menos que la raíz sea tratada, seguiremos cosechando más fruto malo.

Algunos de nosotros necesitamos ser trasplantados al amor de Dios. Si comenzamos la vida en terreno equivocado, Él nos trasplantará de manera que podamos echar raíces y establecernos en Jesús. Él nos creó para ser amados. Él quiere amarnos; quiere que nos amemos unos a otros, que nos aceptemos y amemos a nosotros mismos. Sin esta raíz, no tendremos gozo ni paz.

Dios quiere enviar el viento del Espíritu Santo a nuestra vida (Hechos 2:1-4), para que sople y quite las cenizas que quedaron tras el intento de Satanás por destruirnos, y también quiere reemplazar las cenizas por belleza.

Debes saber que eres valioso, único, amado y especial. Si tienes este conocimiento como tu fundamento y raíz, producirás buen fruto.

Dios desea sanarte de tus heridas pasadas causadas por el rechazo. Desea que sepas que nunca te rechazará por causa de tus debilidades.

PALABRA DE DIOS PARA TI

*Si hablo (puedo hablar) en lenguas humanas y
(aun) angelicales, pero no tengo amor (inspirado por
el amor de Dios a nosotros), no soy más que un
metal que resuena o un platillo que hace ruido.
Si tengo el don de profecía (el don de interpretar la
voluntad y propósito divinos) y entiendo todos los
misterios y poseo todo conocimiento, y si tengo una
fe (suficiente) que logra trasladar montañas, pero me
falta el amor (el amor de Dios en mí), no soy nada.
Si reparto entre los pobres todo lo que poseo, y si
entrego mi cuerpo para que lo consuman las llamas,
pero no tengo amor (el amor de Dios en mi),
nada gano con eso.*

(1 CORINTIOS 13:1-3)

74

La más excelente es el amor

¡Son palabras fuertes, pero espero que nos despierten! Hay mucha gente que realmente se cree algo debido a lo que ha logrado en la vida. Pero de acuerdo con la Palabra de Dios, no es nada, a menos que el amor haya sido una prioridad en su vida.

La manera en que Jesús ve cuánto lo amamos, es a través de cuánto lo obedecemos. Él nos ha encomendado que nos amemos unos a otros; si no lo hacemos, entonces no le estamos demostrando que en verdad lo amamos.

Podemos sacrificarnos sin amor, podemos dar sin un motivo apropiado, podemos servir en el ministerio y olvidar todo acerca del amor, pero nada hay más grande que el amor que podamos mostrar al mundo. No hallaremos algo más convincente que el amor de Dios reflejado en nuestro propio carácter.

El amor es el idioma universal; todos lo entienden. El amor puede derretir el corazón más duro, puede sanar las heridas del alma más profundas y calmar los temores del más ansioso espíritu.

El amor debería ser lo primero en nuestra lista de prioridades espirituales. Deberíamos estudiar el amor, orar acerca del amor y desarrollar el fruto del amor practicando el amar a otros.

Palabra de Dios para ti

*En esto consiste el amor: no en que nosotros
hayamos amado a Dios, sino en que él nos amó y envió
a su Hijo para que fuera ofrecido como sacrificio por el
perdón de nuestros pecados.
Queridos hermanos, ya que Dios nos ha amado así,
también nosotros debemos amarnos los unos a los otros.*

(1 Juan 4:10-11)

LA ORACIÓN DE REGOCIJO

*S*i el amor de Dios está en nosotros, podemos transmitirlo. Tenemos la oportunidad de elegir amar a otros generosamente. Podemos amarlos incondicionalmente como Dios nos ha amado.

Cada uno en este mundo desea ser amado, ser aceptado. El amor de Dios es el regalo más maravilloso que hemos recibido. Ese amor fluye hacia nosotros, y luego debería fluir hacia otros a través de nosotros.

Por mucho tiempo en nuestra vida tratamos de hallar la felicidad del modo equivocado. Intentamos encontrarla recibiendo pero, en realidad, se encuentra dando.

El amor debe darse; es parte de su naturaleza hacerlo así: *"Porque tanto amó Dios al mundo, que dio a su Hijo unigénito, para que todo el que cree en él no se pierda, sino que tenga vida eterna"* (Juan 3:16).

Demostramos amor por los demás al satisfacer sus necesidades, tanto las necesidades materiales como las espirituales. La generosidad es el amor en acción.

Dios quiere derramar su amor en nuestra vida, de tal modo que podamos entregarlo a un mundo que sufre.

77

PALABRA DE DIOS PARA TI

El amor es paciente, es bondadoso.

(1 Corintios 13:4a)

EL AMOR ES PACIENTE

*E*l amor se demuestra al ser pacientes unos con otros. El mundo de hoy está colmado de gente impaciente. Parece que todos estamos apurados. Los niveles de estrés son muy altos en la vida de la mayoría de las personas, y la presión bajo la que viven provoca impaciencia. Inclusive los cristianos son proclives a la impaciencia, al igual que el resto de la gente.

El amor es paciente. No tiene apuro. Siempre toma tiempo para esperar en Dios, para estar en comunión con Él.

Una persona cuya vida se destaca por el amor es paciente con la gente. Aún es paciente consigo misma, con sus propias flaquezas y debilidades. También es amable. Se toma tiempo para escuchar a la persona anciana que se siente sola y desea hablar. Está dispuesta a oír la misma historia cuatro o cinco veces, solo por mostrar su amabilidad.

La paciencia es una virtud maravillosa. Es una faceta del amor que debe desarrollar la persona que busca tener un caminar firme en el amor, manifestando así el carácter de Cristo.

Aprende a enfrentar con paciencia toda clase de aflicción, y te descubrirás a ti mismo viviendo una calidad de vida que no es solo de sobrellevar, sino para disfrutar al máximo.

PALABRA DE DIOS PARA TI

*...no se comporta con rudeza, no es egoísta,
no se enoja fácilmente, no guarda rencor
(no presta atención a la equivocación).*

(1 CORINTIOS 13:5)

*...perdónense (libérense) mutuamente, así como
Dios los perdonó a ustedes en Cristo.*

(EFESIOS 4:32B)

El amor
no guarda rencor

 l amor perdona; no guarda rencor. No es susceptible, no se ofende fácilmente, no se comporta con rudeza ni se resiente. Algunos se sienten heridos por todo. Es muy difícil mantener una relación con personas así.

Cada día nos presenta muchas oportunidades para ofendernos; pero en cada una de ellas debemos tomar una decisión. Si escogemos vivir según nuestros sentimientos, jamás fluiremos en esta faceta fundamental del amor.

La Biblia nos dice qué debemos hacer con las ofensas: "Suéltalas y déjalas ir" (Marcos 11:25). Es importante perdonar de manera inmediata. Cuanto más pronto lo hagamos, más fácil será. Porque es más difícil arrancar la cizaña que tiene raíces profundas, que una que recién está brotando.

Dios es amor, perdona y olvida: *"Yo les perdonaré su iniquidad, y nunca más me acordaré de sus pecados"* (Jeremías 31:34b). Y se alegra en hacerlo. Si queremos ser como Él, entonces debemos desarrollar este mismo comportamiento.

Si anhelamos caminar por la senda estrecha, Jesús dice que tendremos que aprender a perdonar diligentemente.

Palabra de Dios para ti

El Espíritu del Señor omnipotente está sobre mí,
por cuanto me ha ungido para anunciar buenas
nuevas a los pobres. Me ha enviado a sanar los
corazones heridos, a proclamar liberación a los
cautivos y libertad a los prisioneros.

(Isaías 61:1)

Ahora bien, el Señor es el Espíritu; y
donde está el Espíritu del Señor, allí hay libertad.

(2 Corintios 3:17)

EL AMOR ES LIBERADOR

*E*l amor otorga a la gente, tanto raíces como alas. Brinda un sentido de pertenencia (raíces) y un sentir de libertad (alas). El amor no intenta controlar o manipular a otros. No trata de alcanzar la plenitud a través del destino de otros.

Jesús dijo que Él fue enviado por Dios para proclamar libertad. Como creyentes, eso es lo que también se supone que deberíamos hacer: liberar a la gente para cumplir la voluntad de Dios en su vida, no para ponerlos bajo nuestro control.

¿Cuántos padres incitan a sus hijos a realizar cosas que ni ellos harían, solo por el hecho de satisfacer sus propios deseos frustrados?

Esta no es la manera en que obra el verdadero amor; no trata de obtener satisfacción personal a expensas de los demás.

Si tú y yo en verdad amamos algo, debemos darnos la oportunidad de dejarlo en libertad. Si realmente nos pertenece, volverá a nosotros.

¡Un pájaro enjaulado no puede volar!

Proclama libertad. Deja libre a la gente y gózate en lo que pueden lograr.

Dios quiere que soltemos a todos los que son parte de nuestra vida para que lleguen a ser todo lo que ellos anhelan para su gloria, no la nuestra.

PALABRA DE DIOS PARA TI

Paguen a cada uno lo que le corresponda: si deben impuestos, paguen los impuestos; si deben respeto, muéstrenle respeto; al que deban honor, ríndale honor.

(ROMANOS 13:7)

EL AMOR ES RESPETUOSO

El amor respeta las diferencias en otras personas. El que es egoísta espera que todos sean como él, y que a todos les guste lo que a él le agrada.

El respeto por los derechos individuales es muy importante. Si Dios hubiera querido hacernos a todos iguales, no nos habría dado a cada uno de nosotros distintas huellas digitales. Pienso que este solo hecho prueba que somos creados iguales, pero diferentes.

Todos tenemos dones y talentos diferentes, gustos diferentes, metas diferentes en la vida, motivaciones diferentes, y la lista continúa.

El amor muestra respeto; la persona que ama ha aprendido a dejar libre a aquellos que ama. La libertad es uno de los mayores regalos que podemos hacer. Fue lo que Jesús vino a darnos, y es lo que nosotros debemos dar también.

Toda la creación de Dios tiene un gran valor y debería ser cuidada como tal. Dado que las personas son su creación más sublime, deberían ser tratadas con gran respeto y considerarse muy valiosas.

El amor incondicional ama sin egoísmos a gente egoísta, da con generosidad al que es mezquino, y bendice continuamente a los que no lo valoran.

PALABRA DE DIOS PARA TI

*El amor no es envidioso ni jactancioso
ni orgulloso*

(1 CORINTIOS 13:4B)

EL AMOR NO ES ENVIDIOSO NI CELOSO

*D*e acuerdo a lo que declara Proverbios 14:30, "...*la envidia corroe los huesos*".

La Palabra de Dios nos encomienda no codiciar nada que pertenezca a otra persona (Éxodo 20:17). No debemos ser envidiosos ni celosos, porque estos pecados envenenan nuestra vida y nos impiden tener relaciones de amor con los demás.

He descubierto que la mejor manera de librarse de la envidia, o de los celos, es admitiéndolos. Cuando comiences a tener celos o envidia, sé honesto con Dios y pídele que te ayude a ser libre de ellos.

Debo admitir que hay veces que, al escuchar acerca de una bendición que alguien ha recibido, comienzo a pensar: "¿Cuándo me sucederá a mí?" Al instante en que ese pensamiento entra en mi mente, abro mi boca y digo: "Estoy feliz por esto. Si Dios puede hacerlo por esta persona, podrá hacerlo también por mí".

Deberíamos bendecir a otros y no temer que puedan avanzar en la vida más que nosotros. No debemos envidiar la apariencia, posesiones, educación, posición social, estado civil, dones y talentos, empleo ni cualquier otra cosa, porque ello solo impedirá nuestra propia bendición.

Todos tenemos dones que Dios nos ha dado;
no provienen de ninguna otra fuente.

El perdón es un don otorgado a los
que no lo merecen, ni lo merecerán jamás.
Ser perdonado es tan simple como
recibir libremente un regalo, y
nunca es más complicado que eso.

La sencillez
del perdón

PALABRA DE DIOS PARA TI

En él tenemos la redención (liberación y salvación)
mediante su sangre, el perdón de nuestros pecados,
conforme a las riquezas de la gracia.

(EFESIOS 1:7)

Si confesamos (libremente) nuestros pecados, Dios,
que es fiel y justo (verdadero en su propia naturaleza
y promesa), nos los perdonará y nos limpiará
(continuamente) de toda maldad (todo lo que no es
conforme a su voluntad, propósito,
pensamiento y acción).

(1 JUAN 1:9)

Parte Cinco
LA SENCILLEZ DEL PERDÓN

 no de los mayores obstáculos que nos impide celebrar la vida que Dios gratuitamente nos ha impartido, es nuestra propia conciencia pecaminosa. El pecado es real para cada uno de nosotros, pero no tiene por qué ser el problema complejo que tendemos a hacer de él.

Sabemos muy bien que todos luchamos con nuestros pecados. Cuando cometemos un error, evidenciamos una debilidad o fracasamos de alguna manera, a menudo dudamos que Dios nos ame. Nos preguntamos si está enojado con nosotros; tratamos de hacer toda clase de buenas obras para reparar nuestra falta, y renunciamos a nuestro gozo como un sacrificio por nuestro error.

Dios quiere otorgarnos el don del perdón. Cuando le confesamos nuestros pecados, Él los perdona, los aparta de Él tan lejos como el Este está del Oeste, y no los recuerda más. Pero para que nos beneficiemos con ese perdón, debemos recibirlo por fe.

Cuando yo era una nueva creyente, cada noche rogaba a Dios por el perdón de mis pecados pasados. Una noche, cuando estaba de rodillas junto a mi cama, le escuché decir: "Te perdoné la primera vez que me lo pediste, pero aún no has recibido mi don. ¿Por qué no te has perdonado a ti misma?"

*Jesús llevó tus pecados en la cruz, junto con
el odio, el rechazo y la condenación que merecías.
No tienes que rechazarte ni odiarte más.*

PALABRA DE DIOS PARA TI

Mis queridos hijos, les escribo estas cosas para que no pequen. Pero si alguno peca, tenemos ante el Padre a un intercesor, a Jesucristo, el Justo. Él es el sacrificio por el perdón de nuestros pecados, y no solo por los nuestros sino por los de todo el mundo.

(1 JUAN 2:1-2)

LIBRE

Hubo un tiempo en mi vida en que si me preguntabas: "¿Qué fue lo último que hiciste mal?", podía haberte detallado el preciso instante en que lo había hecho y cuánto tiempo estuve pagando por ello. Me apenaba por cada mínimo error que cometía y con gran desesperación intentaba no pecar más. Al comprender el perdón de Dios, fui libre del autoanálisis y la autodefensa que complicaban mi vida al máximo.

Si crees que debes ser perfecto para merecer el amor y la aceptación, entonces eres candidato a una vida desdichada, porque jamás serás perfecto mientras estés en un cuerpo terrenal.

Puedes tener un corazón perfecto, en el que tu deseo sea agradar a Dios en todas las cosas, pero tu desempeño no coincidirá con lo que anhela tu corazón hasta que llegues al cielo. Puedes mejorar día a día, y permanecer en el camino hacia la meta del supremo llamamiento, pero siempre necesitarás a Jesús mientras estés aquí en la Tierra. Nunca habrá un momento en el que no precises su perdón y limpieza.

— ❧ —

La respuesta de Dios para nuestra imperfección es el perdón.

PALABRA DE DIOS PARA TI

*Porque no tenemos un sumo sacerdote incapaz
de compadecerse de nuestras debilidades, sino uno
que ha sido tentado en todo de la misma manera
que nosotros, aunque sin pecado.
Así que acerquémonos confiadamente al trono de la
gracia para recibir misericordia y hallar la gracia que
nos ayude en el momento que más la necesitemos.*

(HEBREOS 4:15-16)

JESÚS, NUESTRO INTERCESOR

*J*esús *comprende* nuestra humana debilidad porque Él fue tentado en todo como nosotros, pero no pecó. De esta manera, dado que Él es nuestro Sumo Sacerdote que intercede ante el Padre por nosotros, podemos acercarnos confiadamente al trono de Dios para recibir la gracia, el favor, la misericordia y la ayuda que necesitamos.

La "buena nueva" es que Dios ya ha hecho provisión para cada error, debilidad y fracaso humano. La salvación y el continuo perdón de nuestros pecados, son dones que Dios nos imparte cuando recibimos a su Hijo Jesucristo. ¡Él ya ha perdonado todas nuestras equivocaciones!

Pero Jesús no quiere que usemos como excusa su naturaleza comprensiva, para permanecer en el pecado que está produciendo esclavitud en nuestras vidas. Él nos convence de pecado, pero nunca nos condena. Él trae convicción de una manera tal que podamos ver nuestras equivocaciones, admitirlas, lamentarnos sinceramente, arrepentirnos y recibir el poder el Espíritu Santo. Obtenemos ese poder y la fortaleza interior al pedirle que nos llene con su Espíritu. Entonces podemos permitirle que nos capacite para caminar libres de ese hábito que ha sido un pecado en nuestras vidas.

Aún haciendo lo mejor que podemos, cometemos errores. Vivir bajo condenación, con odio hacia nosotros mismos y autorechazo, no nos ayudará a vivir una vida más santa.

PALABRA DE DIOS PARA TI

*El gran amor del Señor nunca se acaba, y su
compasión (tierna) jamás se agota.
(Malaquías 3:6)*

*Cada mañana se renuevan sus bondades;
¡muy grande es su fidelidad!
(Isaías 33:2).*

(LAMENTACIONES 3:22-23)

Nuevas cada mañana

*L*a misericordia y las bondades de Dios son nuevas cada mañana. Cada día podemos encontrar un nuevo lugar para empezar.

Me gusta el modo en que Dios ha separado los días y las noches. Me parece que no importa cuán difícil o desafiante pueda ser un día, el amanecer trae nueva esperanza. Dios quiere que, con regularidad, dejemos atrás el pasado y encontremos un lugar para los "nuevos comienzos".

Quizás has estado atado por algún pecado y, aunque te has arrepentido, todavía te sientes culpable. Recibe la seguridad de saber que el arrepentimiento sincero trae un nuevo comienzo, gracias al perdón.

Solo cuando comprendes la gran misericordia de Dios comienzas a recibirla y a ser más proclive a extender misericordia a otros. Quizá estés sufriendo por una herida emocional. La forma de dejar el pasado atrás es perdonando a la persona que te hirió. El perdón tiene relación directa con dejar atrás el pasado.

Dios tiene nuevos planes en el horizonte de tu vida, pero nunca los verás si vives o revives el pasado. Pensar y hablar acerca del pasado te mantiene atado a él.

Cada día es nuevo en las misericordias de Dios.
No desperdicies el hoy viviendo en los pecados del ayer.

PALABRA DE DIOS PARA TI

Por lo tanto, ya no hay ninguna condenación para los que están unidos a Cristo Jesús.

(ROMANOS 8:1)

MÁS QUE SUFICIENTE

*L*a culpa y la condenación son problemas graves para muchos creyentes. El gran deleite de Satanás es hacernos sentir mal respecto de nosotros mismos. Nunca nos dice cuán lejos hemos llegado, sino que constantemente nos recuerda cuánto más aún debemos avanzar.

Cuando el enemigo te ataca, dile: "Aún no estoy donde debería, pero gracias a Dios tampoco me quedé donde estaba. Avanzo y estoy en un buen camino".

Como David, debemos aprender a permanecer fortalecidos en el Señor (1 Samuel 30:6). Ninguno de nosotros ha alcanzado la perfección, y no podemos perfeccionarnos a nosotros mismos; la santificación es una obra del Espíritu Santo en nuestra vida, y es un proceso.

La Biblia enseña que podemos tener el completo perdón de nuestros pecados (total libertad de la condenación), a través de la sangre de Jesucristo. Nosotros decidimos creer, o no, si Jesús hizo la obra completa; no necesitamos añadir nuestra culpa a su sacrificio. Él es más que suficiente.

Deja que Jesús haga la obra. Él quiere perdonarte. Todo lo que tienes que hacer es recibir su perdón. ¡El perdón total es completamente gratuito!

No dejes que el diablo llene tu mente con pensamientos que te hagan sentir no merecedor, porque eres pecador. Comienza a verte como justicia de Dios en Cristo Jesús.

PALABRA DE DIOS PARA TI

Dichosos los compasivos, porque serán tratados con compasión.

(MATEO 5:7)

Bienaventurados los misericordiosos, porque ellos alcanzarán misericordia.

(MATEO 5:7 RVR)

LA MISERICORDIA CONCEDIDA

Ser misericordioso o compasivo, puede definirse como otorgar el bien que no se merece. Cualquiera puede dar lo que la gente merece. Pero se necesita alguien lleno de Jesús para conceder lo bueno al que <u>no</u> lo merece.

La venganza dice: "Me maltrataste, así que voy a maltratarte". La misericordia dice: "Me maltrataste, así que voy a perdonarte, a restaurarte, y a tratarte como si nunca me hubieses herido". ¡Qué bendición ser capaz de dar y recibir misericordia!

La misericordia es un atributo del carácter de Dios que se ve en la manera cómo Él trata con su pueblo. La misericordia es el bien que recibimos cuando merecemos castigo. La misericordia nos acepta y bendice cuando deberíamos ser totalmente rechazados. La misericordia comprende nuestras debilidades y flaquezas, y no nos juzga ni critica.

¿Precisas que Dios y el hombre te demuestren misericordia? Por supuesto, todos lo necesitamos habitualmente. La mejor manera de alcanzar misericordia es estar ocupado en extenderla.

Juzga y recibirás juicio. Entrega misericordia y recibirás misericordia. Cosechas lo que siembras. ¡Sé misericordioso! ¡Y serás bendecido!

Recibe la misericordia y el amor de Dios.
No puedes entregar lo que no tienes.

PALABRA DE DIOS PARA TI

A quienes les perdonen sus pecados, les serán perdonados; a quienes no se los perdonen, no les serán perdonados.

(JUAN 20:23)

...y perdónense mutuamente, así como Dios los perdonó a ustedes en Cristo.

(EFESIOS 4:32B)

MANTÉN TU CORAZÓN LIBRE

Cuando guardamos rencor contra la gente, ¿estamos realmente lastimándolas? ¿O somos nosotros los que somos heridos?

Con frecuencia, Jesús hablaba de la necesidad de perdonar. Si anhelamos caminar en su senda, que es estrecha, debemos aprender a perdonar de inmediato. Cuando más rápido perdonemos, más fácil es. Debemos hacerlo antes de que el problema se arraigue en nuestras emociones. Será mucho más difícil arrancarlo si tiene raíces largas y fuertes.

Guardar rencor hacia otras personas no las cambia, pero sí nos cambia a nosotros. Comenzamos a irritarnos, a amargarnos, a sentirnos desdichados y nos volvemos duros en nuestro trato hacia los que nos rodean. Cuando pensamos que estamos guardando rencor, es en realidad el rencor el que nos aprisiona a nosotros. Es el engaño que usa Satanás para tenernos esclavizados. Él quiere que pensemos que, al tomar venganza, nos protegemos para no ser heridos otra vez.

¡Nada de esto es verdad!

Pide a Dios su gracia para perdonar a cualquier persona contra el que estés guardando rencor. Determínate, a partir de ahora, a guardar tu corazón y tu vida para vivir libre de esta emoción negativa.

Es imposible tener buena salud emocional mientras haya amargura, resentimiento y falta de perdón. ¡La falta de perdón es veneno!

PALABRA DE DIOS PARA TI

No es que ya lo haya conseguido todo,
o que sea perfecto.
Sin embargo, sigo adelante esperando alcanzar
aquello para lo cual Cristo Jesús me alcanzó a
mi (...) sigo avanzando hacia la meta para
ganar el premio que Dios ofrece mediante su
llamamiento celestial en cristo Jesús.

(FILIPENSES 3:12-14)

Ayúdense unos a otros a llevar sus cargas, y así
cumplirán la ley de Cristo.

(GÁLATAS 6:2)

HACIA LA PERFECCIÓN

"Si existe una clara evidencia de imperfección, es la que no tolera los defectos de los demás." Esta afirmación fue hecha por Francois Fenelon en el siglo XVII. Cuando la leí, conmovió mi corazón, y supe que era algo sobre lo que necesitaba meditar.

Pablo decía que se esforzaba en seguir adelante para alcanzar la meta. Creo que todos los que verdaderamente aman al Señor se sienten motivados a hacerlo. Él es perfecto, y nuestro viaje hacia Él nos impulsa a ser como Él. Queremos hacer las cosas bien para poder agradarle.

Quizás una buena vara de medición de nuestra perfección sea cuán pacientes y perdonadores somos con las imperfecciones de los demás. Cuando soy impaciente con los defectos de otros, si me tomo un momento y considero mis propias faltas, a menudo vuelvo a ser paciente con rapidez.

Si crees que tienes una imperfección, no te sientas abatido. Dios te ayudará. Si eres impaciente con las imperfecciones de otros, recuerda que solo la imperfección no tolera la imperfección.

Necesitamos tolerar las debilidades,
darnos cuenta que todos las tenemos,
y orar los unos por los otros.

PALABRA DE DIOS PARA TI

Por eso, confiésense unos a otros sus pecados,
y oren unos por otros, para que sean sanados.
La oración del justo es poderosa y eficaz.

(SANTIAGO 5:16)

CONFESIÓN

El pasaje acerca de la confesión de pecado, en Santiago, puede referirse a cualquier clase de enfermedad física, mental, espiritual y emocional. Pero, ¿significa que cada vez que pecamos necesitamos confesarlo a otra persona? ¡No! Con Jesús como nuestro Sumo Sacerdote, no precisamos acudir a la gente para recibir el perdón de Dios.

Creo que el momento de aplicar este pasaje es cuando estás siendo atormentado por los pecados del pasado. Estar envenenado interiormente te impide ser sano y libre en el área física, mental, espiritual y emocional.

Cuando los pecados ocultos en las tinieblas son expuestos a la luz, pierden su poder. La gente esconde los pecados por temor y orgullo, y el resultado es una desesperada necesidad que clama por ser liberada.

El practicar la confesión de nuestras faltas –unos con otros– y recibir oración, es una herramienta poderosa para quebrar la esclavitud. Cuando descubres que un pecado tiene poder sobre tu vida, deberías considerar esta práctica en oración. Busca una persona de Dios, un confidente que sea guiado por el Espíritu, al que puedas abrirle tu corazón.

Si permites que el veneno permanezca en tu alma,
es imposible que te puedas sentir mejor al mismo tiempo.

Ora por lo que Dios desea que ores,
no por lo que otros anhelan que ores.

La sencillez
de la oración

PALABRA DE DIOS PARA TI

*Ustedes, en cambio, queridos hermanos,
manténganse en el amor de Dios, edificándose
(fundados) sobre la base de su santísima fe y
orando en el Espíritu Santo.*

(JUDAS 20A)

*Oren en el Espíritu en todo momento (ocasión y en
toda época), con peticiones y ruegos.*

(EFESIOS 6:18A)

Parte Seis

LA SENCILLEZ
DE LA ORACIÓN

i tu vida de oración carece de verdadero gozo, analízate y descubrirás que has complicado la manera en que te acercas a Dios. Yo lo sé, porque lo hice.

Mi primer error fue escuchar demasiado lo que otros decían que yo debía orar. La gente me indicaba que orara por el gobierno, por el aborto, por el SIDA, por los indigentes... Otros me daban una lista de misioneros y sus necesidades específicas. Algunos decían que debía hacer guerra espiritual. Me indicaban cuánto tiempo orar, dónde orar, y que por la mañana temprano era mejor.

Convertí esas instrucciones en leyes que tenía que cumplir. Era tan agotador que finalmente clamé a Dios y le pedí que me enseñara a orar, lo que, en realidad, tendría que haber sido el punto de partida.

Él me enseñó que nunca disfrutaría de la oración si no permitía que Él me guiara. El secreto era orar cuando Él me impulsaba e inspiraba, y por el tiempo que su unción estuviera presente para hacerlo. Era así de simple.

---

*El secreto de una vida de oración saludable,
está en acercarse a Dios con una actitud sencilla,
como la de un niño amado por su padre.*

PALABRA DE DIOS PARA TI

¿Está afligido (enfermo, sufriendo el mal)
alguno entre ustedes? Que ore. ¿Está alguno de
buen ánimo? Que cante alabanzas.
¿Está enfermo alguno de ustedes? Haga llamar
a los ancianos (líderes espirituales) de la iglesia
para que oren por él y lo unjan con aceite en el
nombre del Señor.
La oración de fe sanará al enfermo y el Señor
lo levantará. Y si ha pecado, su pecado se le
perdonará.

(SANTIAGO 5:13-15)

LA SENCILLA ORACIÓN DE FE

Algunas veces cuando simplemente presento a Dios mi necesidad, o la de otra persona, parece que en mi "hombre natural" debería hacer o decir algo más. He descubierto que cuando oro lo que el Espíritu Santo está inspirándome, sin agregar de mi propia carne, la oración es simple y no muy extensa. Requiere verdadera disciplina de mi parte llegar hasta donde el Espíritu Santo me guía a hacerlo, y no intentar ir más allá.

Mi mente me dice: "Eso no es suficiente, ni es bastante elocuente; deberías orar en voz más alta". Por lo general, la carne quiere ir más allá de donde el Espíritu nos guía, y es entonces cuando perdemos el gozo que produce cada simple oración de fe. Debemos expresar lo que está en nuestro corazón y creer que Dios nos ha oído, sabiendo que Él tomará cuidado de ello a su modo y en su tiempo.

Los niños son siempre buenos ejemplos a seguir cuando buscamos sencillez. Oye a un pequeño orar, y cambiará radicalmente tu vida de oración.

---

*Ora con sencillez, y obtendrás mayor
satisfacción en ello.*

PALABRA DE DIOS PARA TI

Un día estaba Jesús orando en cierto lugar.
Cuando terminó, le dijo uno de sus discípulos:
—Señor, enséñanos a orar.

(LUCAS 11:1)

SÉ HONESTO CON DIOS

Si vamos a tomar tiempo para orar, queremos estar seguros de que esté bien invertido, que nuestras oraciones sean efectivas, y que oremos aquellas peticiones que Dios anhela responder. Pero también queremos disfrutar nuestro tiempo de oración.

Una vida de oración exitosa no se desarrolla de la noche a la mañana, ni puede copiarse de otra persona. Dios tiene un plan personal para cada uno de nosotros. No siempre podemos realizar lo que otro hace, y esperar que esto funcione también para nosotros. La vida de oración es progresiva. Avanza en la medida en que nosotros avanzamos, por lo tanto ¡sé paciente!

A menudo nuestras oraciones son indefinidas, es decir, no están expresadas en forma clara. Cuando ores, sé preciso con el Señor. Ora confiadamente, expectante, y hazlo específicamente. Tu Padre celestial te ama; por lo tanto, acércate sin temor, con fe y confianza al trono de la gracia (Hebreos 4:16).

Si necesitas ayuda en tu vida de oración, sé honesto con Dios. Cuéntale tus necesidades. Él te ayudará si le pides que lo haga. Comienza diciéndole: "Señor, enséñame a orar".

Necesitamos más confianza en el nombre de Jesús,
y menos confianza en nosotros mismos, o en
alguien más, para resolver nuestros problemas.
Hay poder en el nombre de Jesús.

PALABRA DE DIOS PARA TI

Estén alerta (presta estricta atención,
sé cuidadoso y activo) y oren para que no
caigan en tentación. El espíritu está dispuesto,
pero el cuerpo es débil.

(MATEO 26:41)

VELAD Y ORAD

*T*odos somos atacados por el temor en algún momento. Es la manera por medio de la que Satanás nos atormenta e impide que avancemos, y por causa de ello no podemos disfrutar de la vida que Jesús nos dio, gracias a su muerte. Los temores no son reales. Es una falsa evidencia que aparenta ser real. Pero si aceptamos los miedos cuando Satanás los envía, y nos dejamos afectar por ello, le abrimos la puerta al enemigo y le cerramos la puerta a Dios.

El diablo busca debilitarnos mediante el temor, pero Dios nos fortalece a medida que tenemos comunión con Él por medio de la oración. La fe se suelta a través de la oración, hace que su inmenso poder esté disponible y sea activo en su obrar.

La Biblia nos enseña a velar y orar. Debemos velar y estar atentos a los ataques que el enemigo envía contra nuestra mente y emociones. Cuando los detectamos, deberíamos orar de inmediato. Quizá pensamos que el ataque se disipará, pero tenemos que recordar que es cuando oramos que el poder es desatado contra el enemigo, no cuando pensamos en orar más tarde.

Cerrar efectivamente la puerta del temor, por medio de la fe, traerá mayor gozo y paz sobre tu vida cotidiana.

Ora por todo y no temas a nada.
Cuando el temor golpee la puerta, deja que la fe
responda.

PALABRA DE DIOS PARA TI

*Esta es la confianza que tenemos
al acercarnos a Dios: que si pedimos conforme
a su voluntad, él nos oye.*

(1 JUAN 5:14)

La confianza de un niño

Tenemos que caminar con confianza en todas las áreas de nuestra vida. La oración es una de las maneras por medio de la que podemos demostrar que nuestra confianza está depositada en Dios. Si oramos por todo en lugar de preocuparnos e intentar resolverlo solos, con nuestra actitud y acciones estaremos diciendo: "Señor, confío en ti en esta situación".

Creo que muchos oramos y luego nos preguntamos si Dios realmente nos escuchó. Nos cuestionamos si oramos de manera apropiada y lo suficiente. Pensamos si utilizamos las frases adecuadas, el versículo indicado, etc. No podemos orar correctamente si hay duda e incredulidad. Debemos orar con fe.

Dios ha estado animándome a tomar conciencia de que una simple oración, llena de fe, logra su objetivo. No tengo que repetir las cosas una y otra vez. No necesito usar palabras rebuscadas. Puedo orar con sencillez sabiendo que Él me escucha y comprende.

Deberíamos simplemente presentar nuestra petición, y creer que Dios nos ha oído y responderá en el momento oportuno.

Confía en tus oraciones. Cree que Dios las escucha y se deleita con la oración sencilla, como la de un niño, que brota de un corazón sincero.

— ❧ —

Pide a Dios lo que deseas, aquello que anhelas, y confía que Él te lo dará a su modo, cuando sea el tiempo oportuno.

PALABRA DE DIOS PARA TI

Oren sin cesar (oren persistentemente).

(1 TESALONICENSES 5:17)

LA ORACIÓN
NO ES UNA CARGA

*S*i no entendemos la oración simple y confiada, la instrucción de orar sin cesar puede resultar en una gran carga. Quizá nos sentimos conformes al orar treinta minutos por día, entonces, ¿cómo es posible orar sin cesar? Necesitamos tener tal confianza en la oración, que sea para nosotros como respirar; una acción espontánea que se realiza todo el tiempo mientras estamos vivos. No necesitamos trabajar o luchar para respirar; tampoco para orar cuando comprendemos su sencillez.

Orar sin cesar no significa que debamos ofrecer una oración formal cada momento de las veinticuatro horas del día. Quiere decir que a lo largo del día deberíamos estar en una actitud de oración. Al enfrentar cada situación, o cuando vienen necesidades a la mente que demandan atención, debemos presentarlas sencillamente a Dios en oración.

Deberíamos recordar que no es cuán larga, o el volumen de la voz, o la elocuencia de la oración lo que la hace poderosa. La oración se hace poderosa por la sinceridad y la fe que la mueven.

Podemos orar en cualquier lugar, en cualquier momento, acerca de cualquier cosa. Nuestras oraciones pueden ser verbales o silenciosas, largas o cortas, públicas o privadas. ¡Lo importante es orar!

PALABRA DE DIOS PARA TI

*Cuando oren, no sean como los hipócritas,
porque a ellos les encanta orar de pie en las
sinagogas y en las esquinas de las plazas para
que la gente los vea. Les aseguro que ya
han obtenido toda su recompensa.
Pero tú, cuando te pongas a orar, entra en tu
cuarto, cierra la puerta y ora a tu Padre, que está
en lo secreto. Así tu Padre, que ve lo que se
hace en secreto, te recompensará.*

(MATEO 6:5-6)

LA ORACIÓN SECRETA

Aunque algunas oraciones son públicas o conjuntas, la mayor parte de nuestra vida de oración es secreta, y debería permanecer así. "Oración secreta" significa que no damos a conocer a todos los demás nuestras experiencias personales en la oración, ni tampoco cuánto tiempo invertimos en ella. Oramos por las personas y motivos que Dios puso en nuestro corazón, y lo mantenemos entre nosotros y Él, excepto que tengamos una buena razón por la que darlo a conocer. Debemos tener cuidado de que nuestras oraciones no se conviertan en un espectáculo para impresionar a otros, como hizo el fariseo hipócrita en Lucas 18:10-14.

Para que la oración sea correctamente llamada "oración secreta", debe nacer de un corazón humilde, como se demostró en el caso del despreciado recaudador de impuestos. Él se humilló, inclinó su cabeza y quietamente, con humildad, le pidió a Dios que lo perdone. En respuesta a su sinceridad, toda una vida de pecado fue borrada en un instante.

Dios no nos ha dado lineamientos complicados y difíciles de seguir. El cristianismo es simple, hasta que gente complicada lo hace complejo.

───────── ❧ ─────────

No es posible lograr una oración confiada
si basamos el valor de ella en los sentimientos.

PALABRA DE DIOS PARA TI

Pidan, y se les dará; busquen, y encontrarán;
llamen, y se les abrirá.
Porque todo el que pide, recibe; el que busca,
encuentra; y al que llama, se le abre.

(MATEO 7:7-8)

PERSISTENCIA
EN LA ORACIÓN

*E*s difícil establecer reglas estrictas acerca de la frecuencia con la que debemos orar por un mismo tema. Algunos dicen: "Ora repetidamente hasta ver la respuesta". Otros, "Si oras más de una vez, no creíste que ya lo obtuviste la primera vez".

A veces, cuando pedimos a Dios la misma cosa una y otra vez, es un signo de duda e incredulidad, no de fe y persistencia. Es semejante a la dinámica que se da cuando nuestros hijos nos hacen un pedido y regresan una hora después para pedir nuevamente.

Cuando solicito algo en oración al Señor, y la necesidad regresa a mi mente o corazón otra vez, hablo con Él al respecto. Pero al hacerlo, evito pedirle lo mismo. Le doy gracias porque Él está ocupándose de la situación, pero no insisto en orar lo mismo una y otra vez.

La advertencia que Jesús da es persistencia, no repetición. Deberíamos seguir insistiendo y nunca abandonar, si es que estamos seguros de que lo que anhelamos es la voluntad de Dios. La oración persistente hace crecer aún más la fe y la confianza, mientras nos dedicamos a ella. Cuanto mayor sea nuestra confianza, mejores serán los resultados.

Cree que Dios se deleita en tus oraciones, y debes estar listo para responder toda petición hecha según su voluntad. Ven a Él como creyente, no como un mendigo.

Joyce Meyer

Joyce Meyer ha enseñado la Palabra de Dios desde 1976, y está dedicada por completo al ministerio desde 1980.

Su programa radial "Vida en la Palabra" se escucha en todos los Estados Unidos; su emisión televisiva es vista alrededor del mundo.

Viaja extensamente; predica sus mensajes que cambian vidas a través de las conferencias "Vida en la Palabra", y también en iglesias locales.

Para contactar a la autora, escriba a:

Joyce Meyer Ministries
P. O. Box 655 • Fenton, Missouri 63026, EE.UU.
O llame al: (636) 349-0303

La dirección de Internet es: www.joycemeyer.org

En Canadá, escriba a: Joyce Meyer Ministries Canada, Inc.
Lambeth Box 1300 • Londres, ON N6P 1T5
O llame al: (636) 349-0303

En Australia, escriba a: Joyce Meyer Ministries-Australia
Locked Bag 77 • Mansfield Delivery Center
Queensland 4122
O llame al: (07) 3349-1200

En Inglaterra, escriba a: Joyce Meyer Ministries
P. O. Box 1549 • Windsor • SL4 1GT
O llame al: 01753-831102